AF595762

DANS LES ALPES MARITIMES

A PROPOS DU CLAPIER

ET DE LA MALEDIA

Extrait de la *Revue Alpine*
Mai 1899

VICTOR DE CESSOLE

DANS LES ALPES MARITIMES

A Propos du Clapier

Et de la Maledìa

LYON
IMPRIMERIE DU SALUT PUBLIC
71, RUE MOLIÈRE
1899

Le Mont Clapier (côté Est)
(de la Cime de Lusiera)

Clichés Victor de Cessole. Imp. Berthaud

La Cime de la Maledia et le Mont Clapier (versant Ouest)
(du Balcon des Gelas)

DANS LES ALPES MARITIMES

A PROPOS DU CLAPIER

ET DE LA MALEDIA

A l'origine de la vallée de la Gordolasque s'élève une série de sommités parmi lesquelles le Mont Clapier et la Cime de la Maledia occupent une place importante. Il me semble intéressant, à propos de ces montagnes, de donner quelques renseignements sur deux voies d'ascensions qui ont été rarement pratiquées jusqu'à ce jour.

Mont Clapier (3.046^{m})

Ascension par la paroi Est

Le Mont Clapier domine au S.-O. le glacier de ce nom. Son accès est extrêmement aisé par le versant O., habituellement parcouru par les touristes. Le Clapier offre un belvédère de premier ordre sur la plaine du Piémont, la grande chaîne des Alpes et les Alpes Maritimes : ce sommet, encore blanc de neige dans la saison avancée, jouit auprès des alpinistes d'une réputation déjà ancienne, à cause de la facilité extrême avec laquelle on peut y arriver pour admirer un panorama remarquable.

Les pentes régulières du côté occidental ne se rencontrent pas à l'E., au N.-E. et au N. Sur ces versants, une formidable barre se dresse, presque perpendiculairement au-dessus du Glacier du Clapier : cette paroi abrupte, vue surtout de la Cime de Lusiera ou de la pointe au N. du Col de la Fous, paraît inabordable, tellement elle est effrayante par la hauteur de ses escarpements, qui atteignent sous la cime même jusqu'à 300 mètres environ d'élévation.

L'on sait que le Révérend W.-A.-B. Coolidge étant monté au Clapier le 23 août 1879 par l'arête N.-O., avec ses deux guides Almer, eut l'idée, au retour, de s'engager dans cette muraille : l'entreprise était hardie. L'éminent ascensionniste affirme que « ces rochers furent la plus grande cause de difficultés que sa caravane ait rencontrées dans les Alpes Maritimes » (1) : il ne joignit le glacier qu'au bout de deux heures cinquante minutes de descente pénible. Depuis le Révérend Coolidge, cette voie n'avait plus été suivie.

Au cours de nos récentes excursions dans la haute vallée de la Gordolasque, mon camarade Maubert et moi, avions décidé, à titre de reconnaissance, d'essayer à notre tour, en ascension, cette course que nous n'avions pu entreprendre le 27 juin dernier, à cause de la neige qui, tombée la veille, tapissait la paroi du Clapier : c'eût été folie que de nous aventurer ce jour-là.

Nous reprîmes notre projet le 13 juillet suivant. Partis de la Madone de Fenestre, à 2 heures du matin, avec le guide Dominique Martin et Jean Plent, porteur, nous joignions le Glacier du Clapier par le Pas de ce nom qui s'ouvre à 2.830^{m} environ d'altitude, au N.-O. du Mont Clapier. Nous suivions ensuite, tout à fait au pied de la grande muraille N. et E. de la montagne, le bord de la rimaye qui, déjà à cette époque, formait une large ouverture.

Des amas de pierres recouvraient çà et là les pentes rapides du glacier : ce fait témoignait du danger réel qu'il y aurait en été à opérer cette traversée au milieu de la journée, d'autant plus que nous entendîmes au-dessus de nous, malgré l'heure matinale, partir plusieurs cailloux détachés de la paroi sous l'influence de la chaleur du soleil.

Nous ignorions exactement le point d'attaque et ce n'est qu'après avoir inspecté pendant de longs instants la base de la muraille, que nous nous décidâmes, là où la rimaye permettait encore d'aborder le rocher, de nous agripper à une sorte de fissure devant nous amener sur des escarpements probablement praticables. Nous estimons que notre point de départ se trouve à environ 300 mètres de distance

(1) *The Alpine Journal* (vol. IX, novembre 1879).

de la crête rocheuse qui limite à son origine, au S., le Glacier du Clapier.

A 8 heures, nous nous engagions dans les premiers escarpements rocheux, dominant verticalement la rimaye. Cette partie de l'escalade ne fut pas sans difficultés, car, embarrassés par nos sacs et nos piolets, nous dûmes employer tous nos moyens pour pouvoir franchir cette barre extrêmement raide, qui du pied même ne nous avait semblé rien moins qu'accessible.

Au bout de trente-cinq minutes d'une manœuvre aussi lente que circonspecte, nous trouvions quelques petits replats herbeux, et, sur une légère pente de rochers désagrégés, nous faisions un arrêt de quinze minutes destiné à reconnaître minutieusement notre route. De cette terrasse presque surplombante, nous ne pouvions apercevoir à nos pieds la rimaye.

A 8 heures 50 minutes, nous obliquions franchement à notre droite, c'est-à-dire vers le N., pour suivre une petite bosse qui, bien que ne présentant pas des obstacles sérieux, nécessitait pourtant une prudence de tout instant, les cailloux roulant de temps à autre sous nos pieds pour se précipiter d'un bond unique sur le glacier.

Peut-être aurait-il été possible, à partir de cet endroit, de poursuivre une marche de flanc à travers la paroi en s'avançant vers leN., pour essayer d'aboutir directement au point culminant ; nous n'avons osé tenter cette expérience, assurément imprudente, sachant que les blocs tiennent à peine sur les bords de l'arête extrême du Clapier, et nous avions constaté, une heure avant, que le glacier recevait de ces hauteurs de nombreux projectiles.

La plus élémentaire prudence nous conseillait donc, en quittant la petite bosse que nous venions de suivre, d'entrer dans une espèce de couloir, plutôt large, et en apparence plus sûr que les pentes voisines. Ce dernier parcours se composait surtout de dalles et de roches lisses, qui nous obligeaient, non sans peine, à une marche variant à chaque instant par les accidents rocheux.

Tout à coup le couloir se rétrécissait et nous arrivions au pied de deux petites cheminées donnant l'une et l'autre accès sur la crête, à côté et à droite (en montant) de la dent qui s'élève vers le milieu de l'arête S.-E. du Clapier.

Nous laissâmes la cheminée de droite, très escarpée et coupée par un saut de quelques mètres, en déposant notre carte dans un creux de rocher, puis nous prîmes celle de gauche, qui en peu de minutes d'une escalade facile nous permit d'atteindre l'arête à 9 heures 25 minutes. En six minutes, nous joignions la cime même du Clapier, en traversant à son origine le grand névé qui subsiste ordinairement sur les versants S. et O. jusqu'à l'arrière-saison.

La muraille E. du Clapier, parcourue jusqu'à présent une seule fois en descente par le Révérend W.-A.-B. Coolidge, ne l'avait jamais été en ascension avant notre tentative, qui s'effectua avec succès en une heure vingt-cinq minutes, y compris quinze minutes de halte en route.

A 10 heures 55 minutes, nous quittions la cime en longeant l'arête N.-O., qui se termine au Pas du Mont Clapier, et, après avoir déjeuné aux lacs de Pagarì, nous rentrions par le Pas du Mont Colomb avant 3 heures à la Madone de Fenestre, en formant de nouveaux projets pour les jours suivants.

Il convient d'ajouter que la réussite de cette ascension restera toujours subordonnée aux conditions du glacier, qui varient d'une année à l'autre : cette course devient généralement irréalisable vers la fin de l'été, lorsque la trop large ouverture de la rimaye défend complètement l'accès des rochers.

L'un de nous (1) en a fait l'expérience, le 19 septembre dernier, en voulant recommencer cette escalade par la même route. La base de la paroi du Clapier se trouvait, à cette époque tardive, séparée du glacier par une rimaye d'une largeur variant entre trois et six mètres environ, sans aucun pont permettant l'accès : de plus, le niveau du glacier avait baissé de plusieurs mètres, de sorte que le point d'attaque du 13 juillet était rendu par ce fait inabordable. La caravane essaya un autre point, à une cinquantaine de mètres plus au S. du glacier, mais pour avoir réussi à s'engager dans la barre, elle ne fut pas moins obligée, après une heure quinze minutes de très rude grimpée toute verticale, au cours de laquelle une centaine de mètres en altitude furent à peine gravis, à sortir de cette impasse en revenant sur ses pas en cinquante-cinq minutes : elle contourna ensuite la base des barres E. et S. et gagna la Cime du Clapier par la face S.-E., à l'aide d'un couloir qui amène sur les pentes aisées du versant O.

En somme, l'ascension du Mont Clapier par la paroi E. ne peut que laisser, comme à M. Coolidge, l'impression réelle d'une course plutôt difficile.

---

(1) M. Louis Maubert et sa fille, accompagnés de Jean Plent fils, porteur.

Cime de la Maledia (3.004^{m})

Ascension par la face S.-O. et traversée de l'arête

Du haut du Mont Clapier, le touriste est agréablement surpris, non seulement par la vision lointaine des grandes Alpes, mais peut-être davantage encore par celle des sommets voisins des Alpes Maritimes, au nombre desquels la Cime de la Maledìa figure parmi les plus élevés. Elle surgit sur la ligne de partage des eaux, entre le Clapier et la Cime des Gelas. Son arête allongée, suivant une direction du Sud-Est au Nord-Ouest, présente l'aspect d'une véritable aiguille, si le spectateur se trouve placé au Sud ou au Nord par rapport à ce pic : elle est bordée à l'Est et à l'Ouest par des barres verticales qui défient toute tentative d'escalade.

La Maledìa n'est pas nommée par la carte de l'*Istituto Geografico Militare* au 50.000^{e} : elle est exactement portée à la cote 3.004^{m}. La carte Sarde lui donne par erreur le nom de Caire Cabret, appellation qui se rapporte à une pointe située au N. du Mont Colomb.

Les cimes vierges ne se rencontrent plus guère dans les Alpes Maritimes : celle de la Maledìa a été l'une des dernières gravies. La *première ascension* en a été effectuée, du côté N.-O., par M. et Mlle Maubert, avec le guide J.-B. Plent et son fils Jean, porteur, le 23 juillet 1895.

Au pied même de la pente N. de la cime, c'est-à-dire à la naissance du Glacier du Murajon se trouve un petit lac que les neiges et la glace ne découvrent que très tard : de ce point, on franchit en peu de temps un court névé, puis on attaque le rocher indifféremment par deux couloirs de roches branlantes qui conduisent également à la cime en moins de vingt-cinq minutes à partir du lac. Cette escalade facile ne demande qu'un peu d'attention, lorsque la caravane est nombreuse, pour éviter le départ des pierres. A la descente, on regagne les bords du lac en une quinzaine de minutes.

Depuis 1895, plusieurs groupes sont arrivés sur ce sommet (1), notamment en septembre 1896, à l'occasion du Congrès du Club Alpin Italien, au programme duquel figurait la Cime de la Maledìa « vierge d'ascensions italiennes ».

La première ascension italienne a été faite par MM. Felice Mondini et Giuseppe Randone, le 15 août 1896 (2).

---

(1) Voir la *Rivista Mensile del Club Alpino Italiano*, vol. XV, p. 424 ; vol. XVI, p. 302, 448.

(2) *Rivista Mensile*, vol. XV, p. 331.

Une autre route restait à trouver : celle par la face S.-O. Plusieurs tentatives eurent successivement lieu : après celle de M. Lorenzo Bozano du 24 août 1891 (1), M. Alberto Viglino fut sur le point de réussir le 12 septembre 1895 en arrivant jusqu'à une entaille au-dessous de la cime (2) ; M. Maubert effectua entièrement pour la première fois le 9 juillet 1897 avec le guide Dominique Martin, la traversée de cette périlleuse arête. J'ai accompli la même course avec le même guide, le 4 août suivant et M. Maubert, accompagné du guide J.-B. Plent, l'a réussie une seconde fois avec sa fille le 10 juillet 1898.

Je ne pense pas que l'alpiniste puisse se livrer dans les Alpes Maritimes à une escalade comparable à celle-ci, par les conditions tout à fait particulières dans lesquelles se présente la montagne. C'est le souvenir qui m'en est resté, ainsi qu'à mon collègue, et que je vais essayer de fixer.

On peut, soit de la Madone de Fenestre ou bien de la vallée de la Gordolasque, se rendre au pied de l'arête de la Maledìa (face S.-O.), tant par la combe du lac Long que par le Pas de Pagarì. Ce n'est qu'à partir de ce point élevé que commencent les véritables difficultés. La barre N.-E. qui domine le petit Glacier de la Maledìa, situé au-delà du Pas de Pagarì, atteint une élévation brutale de près de 500 mètres : un simple coup d'œil suffit pour couper court à toute vélléité d'entreprise par ce côté.

C'est donc sur la face S.-O. que l'on devra chercher la voie d'accès. Du pied même de la vertigineuse arête, on oblique immédiatement à gauche dans les rochers qui forment la base de la Maledìa ; l'on ne tarde pas à se trouver sur le versant de la haute combe qui sert de bassin au lac Long. Le fait de contourner ainsi cette barre ne prend guère plus de cinq minutes : l'escalade réelle commence alors. Après avoir grimpé quelques instants dans la muraille qui se rapproche de plus en plus de la perpendiculaire, on s'engage dans une gorge étroite, à pente excessivement rapide : à mesure que l'on monte dans cette cheminée à l'aide des pieds et des mains, on ne peut s'empêcher de remarquer la position escarpée que l'on occupe au-dessus du lac Long.

L'escalade se poursuit dans les mêmes conditions de difficultés et de danger immédiat jusqu'au moment où la voie se présente entièrement coupée : un énorme rocher domine

(1) *Rivista Mensile*, vol. X, p. 410.

(2) *Rivista Mensile*, vol. XIV, p. 467.

en surplomb la cheminée. Tout en dessous apparaît une ouverture juste assez large pour livrer passage à un homme. C'est au travers de ce pertuis qu'il faut se glisser avec précaution pour arriver enfin dans l'échancrure la plus méridionale de l'arête, je dirai presque au grand air que l'on sent le besoin de humer, après la pénible étreinte des âpres rochers de l'escalade. Du moment où l'on commence l'ascension jusqu'à celui de l'arrivée sur l'arête, il faut compter en moyenne quarante-cinq minutes. La voie que je viens d'indiquer a été suivie par Maubert et moi, le 9 juillet et le 4 août 1897, mais lors de sa seconde ascension, le 10 juillet 1898, mon camarade, arrivé au haut de la cheminée, laissa à sa gauche le passage de la fenêtre pour grimper directement à sa droite : c'est une variante qui mérite d'être notée.

Une fois sur l'arête, commence une véritable promenade aérienne qui ne doit se terminer qu'à la pyramide même de la Maledia, visible seulement par moments lorsqu'on monte sur les petits pitons qui, au nombre de huit, y compris le point culminant, jalonnent cette arête fantastique. Sur deux d'entre eux Maubert eut soin d'édifier des petits cairns pour marquer les points de sa première traversée. Quand on arrive sur l'arête, il ne faut qu'une quinzaine de minutes pour toucher au cairn inférieur construit sur le quatrième piton et de celui-ci au second, vingt minutes environ.

L'arête est assez étroite pour ne donner place qu'à une seule route qui varie suivant les endroits : c'est en général sur le versant du lac Long qu'elle se trouve indiquée par la position des rochers. Bien que la marche soit graduellement ascensionnelle, il faut pratiquer de petits mouvements de montées et de descentes qui sont rarement dépourvus de difficultés, à cause précisément de l'effroyable à-pic que l'on aperçoit sous ses pieds. Tous les pas doivent être surveillés, ainsi que le comporte la situation de l'endroit.

Le plus grand obstacle se présente vers les deux tiers de la traversée, avant de joindre au second cairn : il reste là à franchir encore un passage qui peut être considéré comme l'un des plus sérieux du trajet. L'arête se trouve uniquement formée par une dalle taillée à couteau, absolument lisse, de quelques mètres à peine de longueur, dont il faut avoir raison sans hésiter, à l'aide de ses seuls moyens, car le guide ne peut offrir son aide. Dans cette très courte traversée, au cours de laquelle on se sent envahi par la sensation intense du vide environnant, on devra se résigner à passer suspendu sur le versant du lac Long, en se tenant par les mains seulement, les pieds ne trouvant aucune saillie pour s'appuyer sur cette roche polie.

Quand on a gagné le second cairn, après avoir dépassé une nouvelle dent et un couloir, on aperçoit le sommet : il n'y a plus qu'à suivre alors tout naturellement l'arête pour arriver en moins de dix minutes à la pyramide même de la Cime de la Maledìa.

Il résulte donc de cet itinéraire qu'il faut employer, pour la traversée de la Maledìa, du point d'attaque de la cheminée jusqu'à la cime, environ une heure un quart ; cet horaire est basé sur la moyenne des trois ascensions dont j'ai fait mention plus haut.

La Cime de la Maledìa vaut la peine d'être gravie, surtout par le côté facile du N.-O., si l'on ne veut se décider à tenter l'escalade peu aisée de la face S.-O. et la traversée de l'arête.

ILLUSTRATIONS

Les deux phototypies qui accompagnent cette notice ont été exécutées d'après des instantanés de M. Victor de Cessole.

La *première* représente le Mont Clapier, vu de la Cime de Lusiera par son côté E. et séparé par le Col E. du Clapier de la Pointe 2,955 (carte italienne au 50.000[e]) qui s'élève à droite. L'ensemble de ces sommités, bien marqué sur la phototypie, forme la ligne de ceinture du Glacier du Clapier à son origine. Dans le lointain, au-dessus de l'échancrure du Col E. du Clapier, paraît le chaînon de l'Oriol et de l'Asta, au Nord de l'Argentera; le névé du premier plan recouvre dans sa partie basse le passage du Col de la Fous qui conduit de la vallée de la Gordolasque dans la combe du lac Gelé (Valmasca). Cette vue inédite, du 8 novembre 1897, montre le Mont Clapier sous un aspect peu connu : on y distingue la partie extrême du chemin d'ascension décrit par M. de Cessole.

La *seconde*, prise du Balcon des Gelas, le 10 novembre 1897, représente le versant O. du Mont Clapier, sous la forme d'une pyramide blanche : c'est le côté ordinaire et facile de l'ascension. Un peu à droite pointe le Mont Ciaminejas, cime escarpée, et à gauche surgit la Cime de la Maledìa avec sa grande barre perpendiculaire dominant le lac Long. Le point de départ pour escalader la face S.-O. de la Maledìa et opérer la traversée de l'arête se trouve près d'un petit névé suspendu sur les rochers à droite : la voie habituelle est dissimulée à gauche sur les pentes N.-O., comblées de neige et non éclairées par le soleil.

28.935. — LYON, IMPRIMERIE DU SALUT PUBLIC

www.ingramcontent.com/pod-product-compliance
Lightning Source LLC
LaVergne TN
LVHW050514160826
845677LV00003B/1136
* 9 7 8 2 3 2 9 6 3 5 9 7 2 *